LES POLONAIS

AU TRIBUNAL

DE L'EUROPE.

TYPOGRAPHIE DE PINARD,

IMPRIMEUR DU COMITÉ POLONAIS,

RUE D'ANJOU-DAUPHINE, N° 8.

LES

POLONAIS

AU TRIBUNAL

DE L'EUROPE,

PAR STANISLAS PLATER.

PARIS.

CHEZ AIMÉ-ANDRÉ, LIBRAIRE,

QUAI MALAQUAI, Nᵒ 13.

—

1831.

LES POLONAIS

AU TRIBUNAL

DE L'EUROPE.

Depuis le premier signal de la grande lutte nationale en Pologne, cette révolution subite et inattendue a excité l'attention soutenue des gouvernemens, et réveillé la sympathie la plus prononcée des peuples. Toutefois, bien des idées fausses se mêlent encore aux jugemens qu'on entend porter sur cette grande cause. Ils tiennent tantôt à certains principes fondamentaux qui, selon qu'ils sont admis ou rejetés, entraînent des conséquences tout opposées, tantôt à l'ignorance du véritable état de la Pologne.

Une nation a-t-elle le droit de se lever contre son souverain, lorsque celui-ci a violé le pacte fondamental qui l'unissait à elle? voilà la première base dont il faut convenir. Si on n'admet pas ce principe, toutes les nations ont perdu leur cause d'avance, car d'avance on aura garanti toutes les usurpations qu'il plaira au pouvoir d'entreprendre. Si au contraire on admet le principe, il ne s'agira plus que d'examiner s'il y a eu effectivement violations de droits et de promesses entre l'empereur de Russie et la Pologne. Ici les griefs sont si nombreux qu'on n'a que la peine du choix pour les reproduire. Liberté individuelle, liberté des tribunaux, liberté de la presse, liberté du vote des impôts, toutes les libertés enfin que peut consacrer une Charte, et que celle d'Alexandre a effectivement établies, ont été outrageusement violées en Pologne. Voilà pour le positif, où l'exécution se trouvait diamétralement opposée aux termes précis de la loi écrite. Mais combien d'autres infractions aux promesses solennelles et tant de fois répétées de l'empereur Alexandre! La nationalité polonaise devait être respectée avant tout; nul employé étranger ne devait rester dans le royaume de Pologne, hors le frère du souverain, et celui-ci devait n'avoir que le commandement de l'armée. Bientôt on le vit accaparer, une à une, toutes les branches du pouvoir, et se créer de fait une dictature militaire tout-à-fait en dehors de la Charte, et devant laquelle tout devait plier, puisqu'elle était tolérée par le souverain. Les troupes russes non seulement ne quittèrent pas le pays, mais augmentant d'année en année, elles composèrent enfin la moitié de la garnison de Varsovie, la moitié de celles des places fortes, et un cordon de gardes avancées le long des frontières autrichienne et prussienne.

La prestation du serment des peuples aux princes est devenue un acte tellement banal, tellement quotidien dans les exigences de la politique du jour, qu'on ne conçoit plus comment on voudrait en faire un devoir d'obligation pour la conscience. Pour qu'il le soit effectivement, il faudrait qu'on laissât à chaque habitant la liberté de prêter ou de ne pas prêter serment au souverain, sans qu'il en résultât d'inconvéniens pour lui ni pour sa famille. Mais un serment forcé n'est-il pas comme ces mariages contractés par la violence et que toutes les cours judiciaires sont convenues de frapper de nullité?

Si, en 1815, lors de l'établissement du nouveau royaume de Pologne, Alexandre eût demandé aux Polonais la libre déclaration de leur désir, et s'ils consentaient à l'accepter pour roi, nul doute d'après le premier vœu *d'un souverain à part, et qui consacrerait par sa personne le principe d'une nationalité séparée,* nul doute que les Polonais vaincus, et pourtant accueillis avec bonté par le triomphateur, n'eussent donné leur voix à Alexandre; mais toujours sous la condition expresse d'une réunion avec leurs frères de Lithuanie, de Volhynie, de Podolie et d'Ukraine, et le maintien pour tous d'une nationalité polonaise et séparée de la Russie. Ce n'est qu'à ce prix qu'ils pouvaient consentir à se séparer d'un roi respectable par ses vertus et ses malheurs, et qui plus est, de toute une province (le duché de Posen) que les décrets du congrès de Vienne arrachaient itérativement à la mère-patrie. Cette fusion en un tout des deux grandes parties de l'ancienne Pologne, était le mot de l'énigme dans les nouveaux rapports entre Alexandre et les Polonais. Le chef de la Sainte-Alliance le faisait sous-entendre dans tous ses discours publics. En particulier, il l'exprimait sans détour. Il voulait, il exigeait que les Polonais y crussent, et quelques actes émanés du cabinet de Pétersbourg annonçaient clairement la tendance du souverain régénérateur. Cependant, à peine avait-il disparu de la scène du monde, que son successeur, qui pourtant s'était déclaré le continuateur des intentions d'Alexandre, lança une suite d'ukases destructifs de toute nationalité dans les provinces Polonaises incorporées; et tandis qu'il donnait aux Polonais du royaume la vaine parade d'un couronnement tronqué, il s'efforçait de détruire chez leurs frères de la Wilia et du Dniester leurs souvenirs les plus chers et les plus sacrés. Cette transgression manifeste des conclusions du congrès de Vienne, qui avait garanti des droits de nationalité à toutes les parties de l'ancienne Pologne, ce démenti public aux intentions du monarque décédé, ne donnent-ils pas le droit aux Polonais de réclamer avec force la réalisation des promesses de leur régénérateur, et de lever la bannière de l'insurrection au nom des mânes outragées d'Alexandre?

On objectera : les Polonais ont perdu le droit d'invoquer les intentions d'Alexandre, puisqu'ils abjurent la dynastie que lui-même avait établie au dessus d'eux. Mais ont-ils commencé par là? Bien au contraire; ils ont envoyé une députation à leur souverain légitime pour obtenir de sa magnanimité qu'il fît droit à leurs justes plaintes. Le souverain légitime ne daigna pas traiter avec son peuple; il lui répondit par une invasion à main armée. Dès lors, tout pacte est brisé entre l'autocrate et les Polonais, et il n'y a plus entre eux d'autres rapports que celui de deux champions engagés dans une lutte à outrance.

D'autres détracteurs, laissant de côté la question de droit, mais fidèles à certaines préventions surannées, s'obstinent toujours à ne voir dans les Polonais qu'une seule caste privilégiée, imbue de ses prérogatives aristocratiques, éternel fléau du peuple des campagnes, lequel peuple, selon eux, ne peut trouver d'asile contre ses oppres-

seurs que dans l'appui des gouvernemens étrangers. Ce sont les Allemands de Prusse et d'Autriche qui se sont plu à répandre ces opinions,
pour justifier en quelque sorte le crime politique
qu'ils avaient commis dans l'usurpation des provinces polonaises. Des savans de cabinet, étrangers au véritable état des choses, ont répété ces
discours et accrédité une manière de voir d'autant plus perfide, qu'elle se présentait sous les
couleurs de la philantropie, et que, malgré qu'elle
fût erronnée en beaucoup de points, elle appuyait
sur une base malheureusement incontestable.
Oui sans doute, pendant des siècles, le paysan
polonais a traîné le joug de la servitude; c'était
le grand tort de la Pologne, et elle en a porté la
peine. Mais sitôt que la noblesse polonaise, réveil-
lée d'une longue léthargie, eut entrevu la nécessité d'une réforme dans sa constitution, l'état des
paysans est devenu l'objet de sa sollicitude; et si
le pays n'eût pas été partagé, sans nul doute nous
verrions aujourd'hui, dans toute l'étendue de
l'ancienne république, le paysan parfaitement
libre de sa personne et peut-être même proprié-
taire de son terrain. Mais ces apologistes du partage de la Pologne oublient tout-à-fait que la ma-
jeure partie du pays est échue à la Russie, où la
loi de servitude est plus rigoureuse qu'elle n'a
jamais été sous le régime polonais; et que par

conséquent si l'état des paysans a éprouvé quelque adoucissement sous les deux gouvernemens germaniques, la plus grande moitié de l'ancienne Pologne a vu empirer leur sort.

Mais que diraient-ils ces détracteurs de la cause polonaise, s'ils voyaient le paysan sarmate, cet ennemi naturel de son féodal seigneur, courir avec lui à la défense d'un pays dont les lois n'ont jamais su le protéger suffisamment? Que diraient-ils s'ils voyaient le paysan de la Pologne autrichienne, soumis depuis soixante ans à un gouvernement étranger, s'échapper furtivement avec le gentilhomme (son oppresseur) pour aller combattre ensemble dans l'intérêt de cette antique patrie qu'ils ne connaissent plus que par de vieux récits? Bien plus, que diront les détracteurs, si même dans la Pologne prussienne, où, par une politique philantropiquement insidieuse, le gouvernement vient de doter les paysans avec des terres enlevées d'autorité aux possesseurs nobles, ce même paysan déserte sa chaumière à peine acquise, et va risquer sa vie pour le vain prestige d'un nom et d'une langue? Ici les faits démentent évidemment les théories qu'on voudrait établir, ils en prouvent la fausseté et le néant.

Pour expliquer cette effervescence générale des esprits qu'on voit éclater en Pologne et qui peut avoir des suites si importantes pour tout le

continent de l'Europe, il faut remonter à un principe plus général que ne sont les droits et prérogatives de telle ou telle classe; nous voulons parler
du grand principe de *la nationalité*.

Qu'est-ce que la nationalité? Le sentiment naturel qui attache chaque peuple au maintien de
son existence comme nation, et qui le porte à
résister à toute usurpation de la part d'un peuple
étranger.

Les nations ne sont pas un produit conven-
tionnel comme les gouvernemens et les lois ; on
ne peut pas les faire et défaire comme une carte
géographique. La nature elle-même les a distin-
guées par ce qu'il y a de plus caractéristique au
monde, par *la langue*. Pourquoi un peuple de-
vrait-il dominer sur l'autre, pourquoi voudrait-
il l'amalgamer à son essence ?

On a très souvent confondu et on confond encore tous les jours la nationalité avec la liberté.
On dit la *liberté* des Grecs, la *liberté* des Belges,
la *liberté* des Polonais, comme si c'était là le but
que ces nations se proposent et pour lequel elles
répandent leur sang; comme si elles ne tendaient
pas à quelque chose de bien autrement populaire
que la liberté.

Il y a, quoi qu'on dise, quelque chose de vague
et de métaphysique dans les attributs de la liberté.
Au contraire, rien de plus simple, rien, pour ainsi

dire, de plus matériel dans la tendance d'un peuple, que cette aversion naturelle qu'il porte à une race d'hommes qui parlent une autre langue, et veulent pourtant usurper le sol de la patrie. Il faut raisonner la liberté. La nationalité est toute sentie, elle est l'instinct le plus naturel des peuples.

Souvent aussi ces deux tendances peuvent être en opposition l'une à l'autre. Un peuple gouverné despotiquement, et subjugué par un autre à formes de gouvernement libérales, du moment qu'il serait incorporé au pays conquérant, gagnerait en liberté, c'est-à-dire en priviléges, en immunités ; mais il aurait perdu la plus précieuse de toutes, son existence individuelle ; il sera plus libre, et il aura perdu sa nationalité.

Élucidons cela par des exemples : Du temps de Sigismond Vasa, la Russie était bien près d'être subjuguée par les Polonais. Les boyards et nobles russes, en devenant citoyens de la république de Pologne, auraient gagné immensément en prérogatives ; mais ils auraient été froissés dans leur nationalité ; ils auraient toujours senti le joug de la nation conquérante ; et, nous aimons à le croire, ils auraient su le briser.

De nos jours, le royaume de Pologne, de la création d'Alexandre, se trouvait, malgré toutes les violations de la charte, jouir encore d'infiniment plus de priviléges que l'empire de Russie ; et cependant quel est le Russe qui eût voulu échanger son sort contre celui des Polonais?

Le dix-neuvième siècle paraît devoir devenir le siècle de la nationalité. Trois grands pays de l'Europe : l'Italie, l'Allemagne, la Pologne, tendent à une fusion de leurs parties démembrées en un tout compacte et naturel. Heureux les souverains qui sauront mettre à profit cette tendance ! Gare à qui voudra s'y opposer !

Le principe national a éprouvé des lésions dans différens pays, mais jamais il n'a été violé avec une si scandaleuse impudence que dans les dernières années du dix-huitième siècle en Pologne. Trois monarques voisins sont venus dire à une nation de seize millions d'hommes, et riche de souvenirs en tout genre : « Votre existence natio- « nale est finie ; renoncez à votre langue, à vos « traditions ; devenez étrangers les uns aux au- « tres ; vous n'avez plus pour compatriotes que « vos conquérans ; adoptez sincèrement les nou- « velles patries, ou subissez le joug de l'escla- « vage. » Les vaincus repoussèrent avec horreur l'apostasie qu'on leur proposait : on les traita en ilotes, et l'on s'étonne qu'ils veulent briser leurs chaînes !

L'exemple du crime est contagieux même en politique. Le dépècement de la Pologne trouva des imitateurs; bientôt la république française reconnut également pour profitable d'incorporer à son territoire, outre la Savoie et la Belgique (toutes deux essentiellement françaises), l'Allemagne rhénane et le Piémont, qui ne sont et ne seront jamais français. Héritier de la république, Napoléon développa encore plus ce système : par son ordre, les Italiens de Gênes, de Florence et de Rome, les Allemands de Hambourg, Lubeck et Brême, enfin toute la nation hollandaise, furent déclarés Français. Copie trop fidèle des spoliateurs de la Pologne, il dut éprouver comme eux l'effet du ressentiment des peuples; et s'il tomba plus tôt, c'est que son ambition était plus effrénée encore.

Ah! si du moins (puisque enfin la soif de la gloire et des conquêtes désolera toujours la terre), si du moins les monarques, lorsqu'ils convoitent des pays voisins, lorsqu'ils emploient leur puissance pour soumettre de nouveaux peuples à leur sceptre, s'ils voulaient du moins laisser intacte la nature de ces peuples! Que faut-il à leur ambition? de nouveaux moyens de puissance, c'est-à-dire plus d'hommes et plus de revenus. Eh bien! ces hommes, ces revenus, ils peuvent les obtenir sans amalgamer la nation conquise à la nation conquérante. Ils se trouveront souverains de différens états à la fois; mais l'état conquis n'aura fait que changer de monarque; d'ail-

leurs rien ne se trouvera dérangé dans son organisation intérieure : il appartiendra à un prince
étranger, voilà tout ; mais nul *peuple étranger*
ne s'interposera entre le trône et lui, car c'est de
nation à nation que le joug est insupportable ;
c'est alors qu'il pèse à tous les momens de la vie ;
c'est alors qu'il allume des haines inextinguibles,
et que des torrens de sang sont prêts à couler.

Cette idée que nous interjetons, elle n'est point
une chimère vide de réalité ; un monarque puis-
sant l'a conçue ; bien plus, il l'a exécutée en partie :
c'était son idée dominante, et il aurait voulu lui
donner le plus grand développement. Ce monarque, qui appartient déjà à l'histoire, et qui n'a
pas à redouter son jugement, c'est l'empereur
Alexandre.

Il n'était pas encore monté sur le trône, que le
partage de la Pologne, à peine consommé, lui ap-
parut comme une de ces diffamantes injustices
qu'on ne saurait réparer ni trop tôt ni trop com-
plétement. Depuis qu'il eut le pouvoir en main,
pressé par un conflit d'intérêts divers (et ne sa-
chant malheureusement pas leur opposer une assez grande énergie), il a toujours été balancé entre
les inspirations d'une belle ame et ce qu'il croyait
devoir à la politique de son empire. Mais s'il se
trouvait gêné à l'égard des conquêtes dont il avait
hérité de ses prédécesseurs, du moins, toutes les

fois que le sort des armes lui faisait échoir une nouvelle acquisition, il en profitait pour donner à
l'Europe l'exemple d'un nouveau système qui as-
surait partout la nationalité des vaincus contre
les accaparations des vainqueurs. Ainsi, en 1809
le duché de Finlande, en 1815 le royaume de
Pologne, reçurent d'Alexandre des constitutions
séparées, dont la tendance principale était la con-
servation de l'individualité nationale. Mais c'était
surtout le royaume de Pologne qui, recouvrant
son nom et son existence, devait, dans les com-
binaisons d'Alexandre, devenir un des plus beaux
monumens de l'histoire. Deux nations longtemps ennemies, et qui s'étaient fait beaucoup de
mal l'une à l'autre, devaient, réunies sous un
même sceptre, et *sans prééminence entre elles,*
contribuer mutuellement à leur bien-être inté-
rieur et à leur force politique. Pour assoupir tout
ressentiment, tout reste de jalousie nationale, le
peuple victorieux faisait les premières et les plus
importantes concessions. Ainsi, tout ce qui avait
jadis appartenu à la Pologne devait lui être res-
titué par la Russie ; et les Polonais, n'ayant plus
rien à réclamer de leurs nouveaux frères d'adop-
tion, un nouveau lien allait s'établir encore entre
eux : c'était le besoin d'une étroite alliance pour
faire recouvrer à la Pologne les provinces encore
possédées par l'Autriche et la Prusse. Cette ac-

quisition future, si elle était indispensable pour les Polonais, n'était pas moins profitable pour les Russes, puisqu'elle affermissait leur boulevard naturel contre l'Europe, boulevard bien solide, puisqu'il était basé sur l'intérêt même de la nation qui le composait. Il était tout simple que, comme condition première, nulles troupes russes et nul employé de cette nation ne devaient rester en Pologne ; le monarque, seul lien entre les deux pays, pour ne marquer de préférence pour aucun d'eux, devait passer alternativement de Pétersbourg à Varsovie et de Varsovie à Pétersbourg, en départissant également ses séjours dans l'une et l'autre capitale.

Mais le projet était trop beau pour les petites passions humaines ; il était trop grand pour les étroits calculs de la politique ministérielle. On objecta d'abord (car pour appuyer une opinion politique on prend au besoin les couleurs du libéralisme) que l'empereur régnant *n'avait pas le droit* de disposer des conquêtes de sa grand' mère. On prétendait qu'Alexandre exposait les intérêts de l'empire. « Eh quoi! (disait-on à Pé-« tersbourg) les Polonais sont les ennemis natu-« rels de la Russie, et voilà que nous nous éver-« tuons à leur rendre une puissance qui peut « nous être dangereuse ! »

Assurément si l'empereur Alexandre, en réta-

blissant la Pologne, n'avait fait qu'un acte nouveau et brillant dans l'histoire, mais aux dépens
des véritables intérêts de la Russie, il eût mé-
rité les justes reproches de sa nation et même de
tout juge impartial; mais il n'en était pas ainsi,
et c'est seulement parce qu'on partait d'un faux
principe, qu'on en déduisait des conséquences
tout aussi condamnables.

Les conquêtes sont-elles toujours un bien,
une véritable acquisition pour un peuple? N'y en
a-t-il pas qui l'affaiblissent au lieu d'ajouter à ses
forces? N'est-ce pas surtout le cas lorsque les
monarchies sont parvenues à ce degré d'étendue, passé lequel il n'y a plus de bonne administration possible? Incorporer à soi des peuples
voisins, parce que ces peuples peuvent devenir
dangereux, n'est-ce pas prendre l'obligation de
faire la conquête du monde? car, à moins d'être
entouré d'eau, on aura toujours des voisins. Ceux
que le partage de la Pologne a donnés à la Russie
ne sont-ils pas plus formidables que n'a jamais
été l'ancienne république? D'ailleurs, c'est se mettre l'ennemi dans le corps et avoir toujours un
côté faible en cas d'invasion. De petits états peuvent et doivent chercher à s'agrandir pour réta-
blir la balance entre eux et les puissances qui les
menacent. Mais dès l'avénement de Catherine II,
la Russie qui comptait déjà trente millions de

sujets, et de plus dispersés sur une trop vaste étendue, ne devait plus reculer ses limites d'aucun côté. Puisqu'elle l'a fait (pour son malheur), un partage de l'empire en plusieurs masses distinctes devient absolument nécessaire, si l'on veut mettre un terme aux abus auxquels la nation est en proie.

Dans le fait, ce ne sont pas seulement les provinces polonaises, ce sont d'autres parties encore qu'il eût fallu détacher du noyau essentiellement russe et qui compose le centre de l'empire. Ces parties réunies sous un même souverain eussent toujours conservé leur force politique; et mieux administrées, moyennant une concentration plus proche et plus naturelle, elles auraient vu augmenter leurs ressources avec le bien-être de leurs habitans.

Voilà ce qu'on aurait pu faire pour le bien mutuel de deux grandes nations, pour amortir entre elles tout germe de dissentions et de haine, et pour assurer ainsi à toute cette grande partie de l'Europe le bienfait d'une paix longue et solide. Mais telles n'étaient pas les vues et la tendance de ceux qui entouraient l'empereur Alexandre et se donnaient pour l'organe de la nation russe. « Nous sommes les vainqueurs (disait-on dans les « salons de Pétersbourg), et nous ne devons pas « nous dessaisir des priviléges de la victoire. Nous

« sommes plus sûrs de ce que nous tenons par
« droit du plus fort que de tout ce que pourrait
« nous donner la libre alliance d'un peuple. Si
« l'empereur réunit la Pologne russe au nouveau
« royaume, elle sera bien encore à lui, mais elle
« ne sera plus à nous. Nous n'y aurons plus nos
« employés. Il n'y aura plus de prééminence de
« nous aux Polonais. Sans doute la grande éten-
« due de l'empire s'oppose à ce qu'il soit bien ad-
« ministré; nous sommes en proie à mille abus;
« mais si pour mieux gouverner l'État il faut qu'il
« en coûte à sa puissance, notre choix est fait :
« soyons malheureux, mais soyons les maîtres
« du monde. »

Si telle était la véritable façon de penser de
toute une nation, il y aurait de quoi faire sonner
le tocsin en Europe pour appeler aux armes tous
les peuples contre l'ennemi de leur indépen-
dance. Mais gardons-nous de ces jugemens gé-
néraux toujours injustes quand il s'agit de la
masse entière d'un peuple. La nation russe a-
t-elle jamais été consultée sur ses rapports politiques dans une véritable et digne représentation? A-t-on jamais entendu ses opinions autrement que par l'organe de cette haute aristocratie
toujours obstruant les avenues du trône comme
pour lui dérober la vue et la voix du peuple?

Quoi qu'il en soit, en attendant que la marche

du siècle amène un système de représentation
quelconque en Russie, il est malheureusement
incontestable qu'on ne peut y chercher l'opinion
agissante, l'opinion qui compte en politique, que
dans la haute noblesse. Elle influa sur les réso-
lutions d'Alexandre. Tout autocrate qu'il était, il
recula devant la forte opposition des dignitaires
de son empire. Non seulement ses projets sur la
Pologne russe furent remis à un autre temps,
mais même sa conduite envers le nouveau
royaume éprouva quelques modifications au dé-
triment de la cause polonaise. Certes, c'était une
grande faute en politique. Ou il eût fallu qu'A-
lexandre n'eût rien annoncé et rien entrepris ;
ou, s'il était convaincu de l'excellence de son
système, il fallait passer outre à tout prix, et
nul doute qu'en s'attachant intimément les uns,
il eût imposé aux autres. Il prit la voie mitoyenne,
grand chemin battu de tous les genres de faibles-
ses, et qui n'a jamais réussi. En ne contentant
qu'à demi les uns, il espérait n'offenser qu'à demi
les autres. Vain espoir : c'était le moyen de tout
perdre, c'est-à-dire, d'une part, la confiance, de
l'autre, le respect.

Mais si la volonté d'Alexandre se trouvait ainsi
paralysée dans l'exécution, du moins la tendance
de cette volonté restait bien évidente. L'empereur n'attendait qu'une occasion propice, et les

Polonais, quoique rebutés par des biais et des délais déplorables, devaient toujours l'envisager comme leur unique ancre de salut.

Malheureusement, il eût fallu un bien long règne pour faire arriver Alexandre à son but par le chemin tortueux auquel il s'était gratuitement condamné ; et, hélas! ses jours étaient comptés. Une mort prématurée devait l'enlever du milieu de sa brillante carrière. C'est alors surtout qu'on vit se développer tous les inconvéniens qu'avait entraînés sa trop longue hésitation. Le rétablissement de la Pologne n'était qu'ébauché. Il y avait tout juste ce qu'il fallait pour tenir en émoi les différentes parties du pays, et rien d'assez complet dans les institutions pour promettre un ordre de choses stable et dont on aurait pu se contenter.

Dès l'établissement du nouveau royaume de Pologne, la renaissance du nom et des formes nationales dans une partie du pays avait réveillé et alimenté l'esprit polonais dans toutes les autres parties de l'ancienne république. Cet esprit était profitable, en tout cas, à la politique du cabinet de Pétersbourg, en ce qui regardait les parties prussiennes et autrichiennes. Mais, dans les deux parties russes (c'est-à-dire avec et sans nom de Pologne), cet esprit n'était favorable à la Russie qu'autant qu'elle eût aidé elle-même

à son développement. Sitôt qu'il y avait collision
entre la tendance du peuple et celle du gouvernement, ce dernier se trouvait placé dans
une fausse position, et voilà ce qui était résulté
de la mauvaise volonté des employés d'Alexandre et du peu d'énergie qu'il avait su leur opposer. On avait contrarié les vues de l'empereur,
on avait contrarié la tendance nationale excitée
par lui : tout était forcé et contre nature.

Monté sur le trône en dépit du droit d'aînesse,
mais conformément à la volonté de son prédé-
cesseur, l'empereur Nicolas parut vouloir suivre
et continuer religieusement les intentions de
celui dont il tenait le sceptre. Mais la même in-
fluence aristocratique qui avait faussé les démar-
ches d'Alexandre, reparut avec plus de force
encore sous un régime nouveau, et pour lequel
les antécédens imposaient moins d'obligations.
Le nouvel empereur reconnut, dès son avénement au trône, la nationalité du royaume de Pologne. Il en jura la charte. Mais il se prévalut de
la circonstance que rien n'avait été officielle-
ment décrété par Alexandre relativement aux
provinces polonaises incorporées, pour suivre
à leur égard un système tout-à-fait opposé. Non
seulement il ne confirma pas la grande pro-
messe de *réunion,* tant de fois réitérée par le dé-
funt empereur, mais le peu de nationalité que la

Pologne russe avait encore conservé dans ses formes judiciaires et d'enseignement public, disparaissait dans les réglemens d'une nouvelle organisation de ses provinces ; et enfin il devenait évident que Nicolas voulait rompre leurs rapports avec le royaume et les amalgamer intimement à l'empire. Ainsi, les Polonais se voyaient trompés dans le premier et principal objet de leur attente ; et comme pour exaspérer de plus en plus cet état d'irritation progressive, tandis qu'en Lithuanie on poursuivait, on exilait les prévenus de patriotisme (ou, comme on avait coutume de dire, de *polonisme*), le royaume, malgré sa nationalité et sa charte impuissante, devenait le théâtre des mêmes persécutions. Les prisons ne suffisaient plus pour contenir les victimes ; un vaste système d'espionnage démoralisait toutes les classes de la société ; les tribunaux n'avaient plus la liberté du vote selon leur conscience, et le sénat de Pologne, faisant les fonctions d'une haute cour de justice, fut puni d'un an de prison pour avoir osé porter une sentence contraire au vœu d'un personnage influent.

Dès lors, la révolution de Pologne était dans tous les cœurs, l'occasion seule manquait encore, et elle fût venue de manière ou d'autre. Si l'on disposait d'une révolution comme d'un plan de campagne, les experts l'eussent fait éclater avec plus de chances de succès lors de la guerre de Turquie. Mais ces grandes tempêtes politiques qui changent la face des états se forment et s'élèvent comme celles du monde physique, indépendamment de la volonté des individus, que plus tard on voit entraînés dans le tourbillon irrésistible. La révolution de France, et ses corollaires de Belgique et d'Allemagne, firent concevoir la possibilité d'une nouvelle insurrection en Pologne. Les sages, les prévoyans, l'eussent toujours éloignée ; car une longue chaîne d'expérience était là pour témoigner de l'inutilité des efforts, de l'impuissance des plus belles inspirations contre une force matérielle prédominante. Ainsi, ce furent des jeunes gens à entraînement aveugle et sans calcul, que la providence choisit pour engager la lutte la plus terrible, et on peut le dire maintenant, quel qu'en soit le résultat final, la plus glorieuse que la Pologne ait jamais soutenue. Une fois le signal donné; on vit ce qu'avait préparé une longue suite d'injustices, d'oppressions et d'actes tyranniques. A peine la trentième partie de l'armée polonaise était dans le secret de la conjuration. Dans tout ordre de choses naturel, la grande majorité de la nation et de l'armée eussent renié l'audacieuse tentative d'un millier d'enthousiastes; mais tout le monde comprit, et cela dans un moment, comme par une spontanéité électrique, qu'un ministère aussi malveillant que celui de Pétersbourg ne laisserait point passer cette occasion opportune de détruire le dernier germe de la nationalité polonaise; qu'ainsi il n'y avait plus rien à attendre ni à espérer, que c'était le moment d'une lutte à la vie et à la mort. Toute la nation courut aux armes ; et cependant elle ne se détachait point encore du souverain qui n'avait pas su la protéger. Une députation fut envoyée à Pétersbourg pour demander au roi des Polonais la réalisation des promesses d'Alexandre et des garanties contre toute usurpation à venir. On sait quel en fut le résultat.

C'est à présent au temps, à la marche des événemens, à éclairer quel eût été (politiquement parlant) le parti le plus sage que pouvait prendre l'empereur Nicolas. Devait-il traiter avec les Polonais, quelque répugnance qu'il en pût éprouver, ou fallait-il entrer en lice contre un peuple au désespoir? Au tribunal de la justice générale, la question est décidée depuis longtemps. Toute conquête d'une nation sur l'autre est un crime contre nature, et le partage de la Pologne le plus grand qu'ait commis la politique moderne. Nulle prescription , nul laps de temps écoulé, ne peut prévaloir contre le droit vivant d'une nation qui réclame sa propriété. Elle a raison par cela seul qu'elle existe, et qu'elle donne des preuves de cette existence.

Si l'on en croit les gazettes de Pétersbourg, la noblesse russe s'est levée tout entière à la voix de son souverain, et, de toutes les parties de l'empire, les jeunes gens courent s'enrôler pour défendre la cause nationale. Mais comment serait-elle nationale, cette cause? Le peuple russe est-il exposé à l'invasion? Veut-on porter atteinte à sa langue et à sa religion? Peut-on admettre un moment la chimère que les Polonais pourraient dominer en Russie? Bien au contraire, la nation russe, forte de sa position géographique, de ses trente millions d'hommes unis par la même langue et le même rite, n'a rien à craindre de tel ennemi que ce soit. Ce n'est donc que pour garder d'injustes accaparations, pour continuer à être le fléau des vaincus et la terreur des voisins, que la noblesse russe va prodiguer un sang qui n'aurait dû couler que pour la défense des droits nationaux.

Il y a un instinct naturel qui guide les grandes masses dans ses jugemens, et qui les trompe rarement. Dès le commencement de la lutte en Pologne, tous les peuples d'Europe se sont sentis émus d'une profonde sympathie pour la cause des Polonais! Pourquoi? c'est que cette cause est si

simple, et que sans s'appesantir sur le droit public et les termes des traités, on ne voyait que
deux choses : les oppresseurs et les opprimés.
Mais tout en prenant le bon parti par un simple
mouvement d'inspiration, le public européen ne
sait pas encore combien il se trouve avoir raison,
et combien d'intérêts politiques, philantropiques
et moraux se marient à la cause de la Pologne.
Sans répéter ici ce qui a déjà été dit tant de fois
sur l'importance d'un boulevard de l'Europe
contre le colosse de l'Ural et du Wolga, le philantrope qui ne balance que la masse de moralité
publique nécessaire au bonheur des hommes, doit
bien se tenir pour assuré que tout ce qu'on aura
arraché au sceptre de Russie sera une conquête
sur le vice et la corruption. Ce n'est pas, Dieu le
sait, la nation russe que nous voulons attaquer
dans cette assertion générale; mais bien la conséquence des monstrueux abus de son gouvernement. Nous nous sommes déjà expliqué plus haut
sur la témérité des jugemens portés sur l'ensemble d'un peuple. Nous ajouterons ici que la
nation russe a fait preuve dans mainte occasion
d'un grand caractère politique, et auquel on ne
saurait rendre trop de justice. En outre, bien des
qualités estimables, bien des vertus privées brillent
isolément parmi les habitans de la vaste Mosco-
vie. Mais tout russe éclairé conviendra avec nous,

ou plutôt il l'avouera en gémissant, qu'il n'est pas en Europe de système de gouvernement plus immoral; que, basé sur la vénalité la plus déhontée, il en a fait une sorte de convention tacite, une habitude, qui n'a plus rien de choquant, et qui est venue au point que bien des gens en Russie ne savent plus se figurer un employé honnête homme. Cette conviction a frappé de mélancolie les dernières années de l'empereur Alexandre. C'est elle encore qui a exalté l'imagination des conjurés de 1825, qui, pénétrés de la nécessité d'une réforme, et rêvant un meilleur ordre de choses, ont cru que même le plus affreux bouleversement était préférable à cet état de corruption systématisée.

Partout où l'administration russe a été introduite, la vénalité a établi son empire. Elle est venue en Lithuanie et en Volhynie avec les fonctionnaires de la gent conquérante, et ce poison subtil, cette épidémie morale, a gagné ceux des indigènes qu'une conscience moins délicate ou le manque de fortune ont fait fraterniser avec les impurs. Grâce à l'empereur Alexandre, le maintien des formes nationales et une constitution séparée ont préservé le royaume de cette abominable contagion. Toutefois, même dans le royaume, les dégoûts qu'on faisait éprouver aux employés honnêtes gens, les encouragemens manifestes donnés à l'adulation servile et aux lâches complaisances, tendaient visiblement à démoraliser ce dernier asile de l'esprit national. On y serait parvenu avec le temps, car il est trop dans l'intérêt du conquérant inquiet et ombrageux d'assouplir et d'avilir le caractère de ses victimes.

Et voilà le grand objet sur lequel la pensée du politique philantrope ne saurait trop s'arrêter. Un mal engendre l'autre, et les conséquences d'un grand crime sont encore des crimes nouveaux. L'odieux servage féodal une fois établi, a abâtardi pour des siècles des races entières d'habitans. Il en est de même des nations dans leurs rapports entre elles. Partout où un peuple a subjugué un autre peuple, il a dépravé le caractère des vaincus. Que sont devenus les Juifs sous les Romains, les Grecs sous les Turcs, les Maures, depuis qu'ils ont cessé d'être indépendans? Et la raison est toute simple : le conquérant, qui n'a pour lui que la force, redoute la vertu, car la vertu est aussi une puissance. C'est le vice qu'il lui faut ; il l'exploitera à son profit. Dès lors on recherche les apostats de la cause nationale, on les honore, on les encourage. L'honnête homme se retire. Bientôt on le perd de vue tout-à-fait;

avec cela laissez couler le temps, et tout un peuple est dégradé.

Ainsi, tous les motifs moraux militent en faveur des Polonais, en faveur de leur délivrance du joug étranger, et, avant tout, du joug moscovite. Le vœu de toutes les nations, le vœu de tout honnête homme doit être pour eux. Il ne saurait y avoir deux manières de voir à cet égard. Qu'oppose aux Polonais l'empereur Nicolas? la lettre morte des traités, et ce déplorable système de *conséquence,* qui ordonne d'être fidèle à une direction donnée, fût-elle même criminelle! Ainsi, c'est donc la force, c'est le sort de la guerre qui décideront!.... Ainsi soit-il! Mais si l'Europe voit avec horreur des torrens de sang répandu, une longue suite de pays dévastés, la famine et la peste étendant partout leurs ravages et achevant l'œuvre de la destruction, à qui faudra-t-il en demander compte? au peuple qui ne réclame que sa vie politique, ou au gouvernement qui maintient son droit d'assassin?

FIN.